Das Wunder des Lebens ist in Dir –
von der Freude der Selbsterkenntnis

Leif Studi

# Das Wunder
# des Lebens
# ist in dir

evolutionäre Gedichte
und
eine Erzählung für's Leben

**Herstellung und Vertrieb:**

Books on Demand GmbH

D-22848  Norderstedt

Gutenbergring 53

Tel.: 004940 / 53 43 35-11

Fax: 004940 / 53 43 35-84

www.bod.de, eMail: info@bod.de

ISBN 3-8330-0165-8

www.freude-von-innen.de

# Inhalt

Herzlosigkeit mit
weiterer Herzlosigkeit
zu beantworten,
sorgt für deren Verbreitung.

Dunkelheit
kannst du
nicht bekämpfen,
aber du kannst
Licht hereinlassen.

Die Konflikte in der Welt
sind Ausdruck
der Konflikte
im Innern der Menschen.

Weltfrieden wird
erst dann sein,
wenn jeder einzelne Mensch
Zufriedenheit spürt.

### Ein Herz für Menschen

Offenes Lächeln, schmelzendes Eis,
es bröckeln die Mauern.

Was mein Volk an Leiden brachte,
trag ich mit Bedauern.

Trennungen verfliegen
nach bösem Traum.

Die Unterschiede zu zählen,
bringt's wohl kaum:

ob du unsere Sprache benutzt,
Zeichensprache oder deine,

du fühlst wie wir,
sprichst über dieselben Sachen.

Ob du an eine Religion glaubst,
an alle oder keine,

wir können die Welt
ganz einfach menschlicher machen.

Helle Haut oder dunkle,
was bedeutet das schon?

Das Leben zu genießen
ist für uns alle richtig.

Selbstvertrauen bricht Vorurteile,
beherrscht Emotion.

Dem Herzen folgen,
das Gemeinsame ist wichtig.

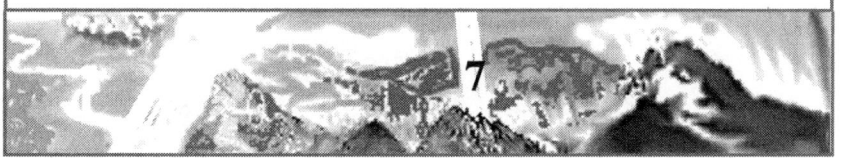

### Illusion

Ich hetze durch das Kaufhaus,
vergesse mich im Kaufrausch,
   ich weiß schon, was ich will !

Da geh' ich eiskalt über Leichen,
was mich anmacht, sind Preiszeichen,
   hol' mir einfach, was ich will !

Neben mir ein kleiner Teeny
greift blitzschnell sich 'nen Bikini,
   sicher krieg ich, was ich will !

Ich tret' ihr vor den Knöchel
und sie flüchtet mit Geröchel,
   klar erreich' ich, was ich will !

„Ach das tut mir aber leid !"
Ich scheue niemals einen Fight,
        bekomme immer, was ich will.

Kram en masse in meinem Zimmer,
und die Sucht wird immer schlimmer,
        dauernd wechselt, was ich will.

Was ich hab', langweilt mich sehr,
Konsum stillt Sehnsucht gar nicht mehr,
        weiß ich wirklich, was ich will?

**Bescheidenheit ist keine Zier,
denn weiter kommen wir ohne Gier**

Rastlos, auf der ständigen Jagd
nach neuem flüchtigen Glück,
drängen wir die Lebensgrundlagen
immer weiter zurück.

So machen wir unsere Erde
zum Verbrauchsgegenstand.
Dass sie so zerbrechlich ist,
haben wir das noch nicht erkannt?

Ich möcht' nicht
wie mit dem Einkaufskorb
durch's Museum marschier'n,
statt das Leben zu bewundern,
möglichst alles einkassier'n.

Am Ausgang rückst du
alles wieder 'raus,
denn dann ist die Zeit um,
das Spiel ist aus.

Wie bin ich froh,
dass ich dabei sein kann,
möcht' nichts verpatzen
meinem Hintermann!

## Traumphase 2

Eines Tages hab ich's geschafft,

        denn dann bin ich dabei,

dann kommt 'ne sechs im Lotto

        und dann bin ich frei.

Eines Tages hab ich Karriere gemacht,

        dann hab ich Geld wie Heu.

Eines Tages werd ich wiedergeboren,

        dann ist alles neu.

Eines Tages kann ich in Rente gehen,

        dann hab ich für mich Zeit.

Eines Tages werd' ich im Himmel landen,

        dann bin ich befreit.

Eines Tages kommt das große Glück,

        das hab ich mir geschworen,

doch jeder Moment ohne Freude,

        der ist für's Glück verloren.

# Wer schneller lebt, ist eher fertig

Berufsverkehr
nicht lange her
grüne Welle
auf die Schnelle
Gaspedal
alles egal
Straßenbahn
im Größenwahn
Bremsenkreischen
ohnegleichen
verschenkt nicht 'nen Meter
und macht noch Gezeter
Parklücke weg
hat keinen Zweck
nicht vor, noch zurück
Mist, heut' kein Glück
vom  Stress getrieben
was ist geblieben?

### Rette deine Haut!

Alles blüht in der warmen Frühlingssonne,
lass dein Herz fließen in wohliger Wonne
und mache dir keine Sorgen, mein Kind,
nur schütze deine Augen, sonst wirst du blind!
Die Schutzengel vor harten Strahlen
      wurden leider geschwächt
und deshalb, mein Herzchen,
    ist ein Sonnenbrand ganz schlecht.
Die Schutzengel bekommen ein neues Leben
    möglicherweise in hundert Jahren.
Leider müssen wir uns damit zufrieden geben,
    uns vor viel Sonne zu bewahren.
Pflanzen wir Bäume, gibt es schon bald
    vielerorts schützenden Wald.

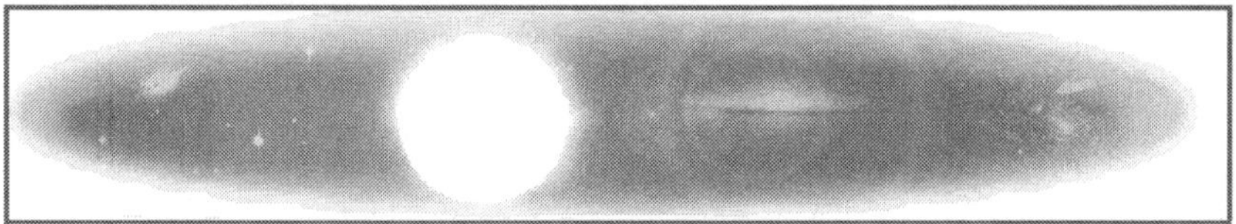

## Unzufriedene Menschen
## sind wie verdurstende Fische

Probleme kommen,
Probleme geh'n,
der Spaß an der Freude
bleibt besteh'n,

Geht's im Leben
auf und nieder,
die Sonne des Herzens
scheint immer wieder.

Die Lebenskraft, die jede
Sekunde dich innig liebt,
trägt dich wie das Wasser,
das den Fisch umgibt.

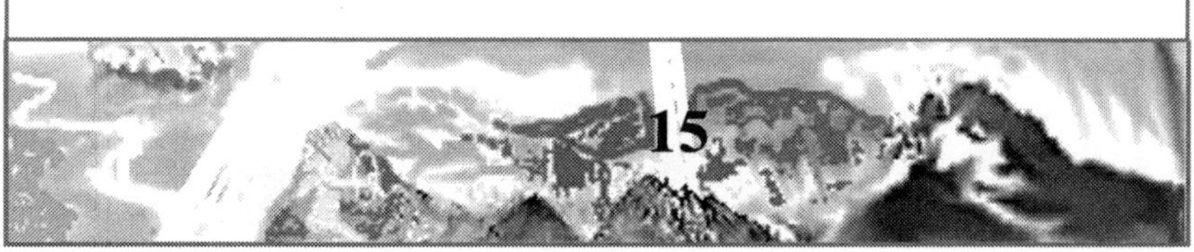

### Alle Tage ohne Alltag

Herrscht eisiger Wind,
ist es nicht verkehrt,
nach innen zu gehen.

Ich weiß noch,
als kleines Kind
konnte ich noch staunen,
mit dem Herzen sehen.

Kostbare Zeit,
genossen ungemein,
Atemzüge, die wie Honig
im Bauch zergingen,

konnte einfach
ich selber sein,
ohne Wecker
dem Schlaf entspringen.

Morgens früh
Tatendrang im Blut,
durch die Lebensfreude
von allen Wunden genesen,

ohne Anlass
fühlt' ich mich gut,
das ist mein ursprüngliches Wesen.

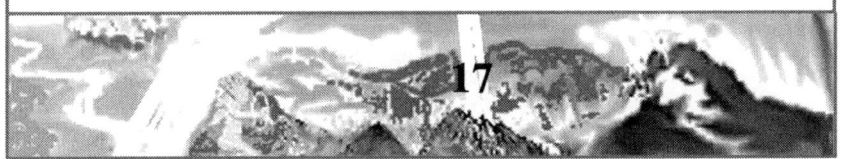

## Heimweh

Wie in einem Meer von Liebe
steh' ich vollkommen fassungslos
mitten in der Blumenwiese:
jede von den Blüten ist auf ihre Art
so vollkommen schön,
nicht eine der anderen gleicht.
Jeder Quadratzentimeter voll gepackt
mit farbenfroher Zärtlichkeit.
Von meinen Gedanken ich lasse,
Raum zu finden für den Genuss.
Langsam geh'n mir die Sinne auf,
beginne zu verstehen proportional,
mit welcher Gnade der Planet bedacht.
Ach könnt' ich doch alles
pur erleben, wie es von Dir,
ewig Kreativem, erdacht,

nie bräucht' ich mich mehr sorgen,
meine Träume würden nicht wahr,
Pläne nicht zu Ende gebracht.
Allen Veränderungen und
meiner Ohnmacht zum Trotz,
leider muss ich soviel Elend anseh'n,
möcht' gerne mein Herz
wie eine Blume blüh'n,
zur Not auch in der Wüstenmitte
die Liebe zum Leben genießen,
die sich selbst genügt.
Dann bräucht' ich nichts,
als dankbar sein,
dass ich Dir immer nah sein kann.

**Das Boot ist toll**

Elemente wurden aus dem
gesamten Kosmos zusammengetragen,
um auf diesem schönen Planeten
das Leben möglich zu machen,
die Vereinigung zwischen dem Ewigen
und dem Vergänglichen zu wagen.
Das Bewusstsein für dieses Wunder
möchte gern in mir erwachen.

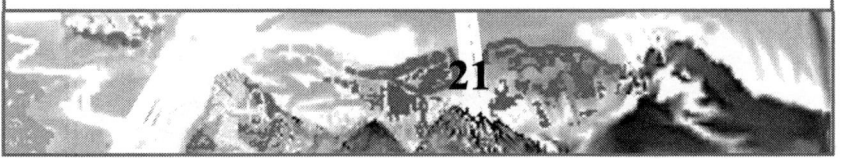

## Der innere Himmel

Der Kosmos schwimmt in Energie,
die hatte keinen Anfang, endet nie,

lässt Universen entstehen und Leben,
hat uns Herz und Verstand gegeben.

Allesdurchdringend ist sie ewiger Quell,
öffne ich mich ihr, wird's innen hell,

kann mich als Teil des Wunders empfinden,
Liebe, die mir treu ist, tief in mir finden.

Staunend erfahr ich ein Loch in der Zeit,
durch das scheint licht die Ewigkeit.

## Spiegel des Herzens

Es ist Zeit für mich, zu verstehen,
der reinen Sehnsucht nachzugehen,
jenseits von Emotionen und Gedanken,
die Zärtlichkeit des Lebens zu tanken.

Süße, Licht, Musik und Zärtlichkeit,
körperumhüllt,
grenzenlose Geborgenheit,
Faszination im Innern meiner Sinne?
Ungläubig staunend halt' ich da inne.

Welche Freude,
mit der Quelle zu fließen,
das innere Universum zu genießen,
zu sehen, hören, fühlen
und schmecken,
was mich von innen verwöhnt,
zu entdecken!

## Ewige Liebe

In meinem Innern ist eine Schaukel,
 auf der mach ich's mir bequem.
Die wird sanft geschwungen,
 jetzt rate mal von wem.

Die köstliche Schaukel ist mein Atem,
 es ist die Schöpferkraft, die ihn antreibt.
Was auch immer im Leben geschieht,
 ihre Liebe ist's, die bleibt.

## Der Atem-Macher,
## die ewige Quelle des Lebens

Alles ist aus Dir gemacht,
zu groß das Wunder
für meinen Verstand.
Energie, Atom und Molekül:
im Detail die reine Pracht.
Du bist die Kraft,
die alles erfand.
Es tut mir gut,
wenn ich Dich fühl'.
Kostbar ist
dieser Augenblick,
Dich zu erleben,
ist der Genuss,
Gedankenwelt
im Nu zerronnen,
bringst von tief innen
so viel Glück,

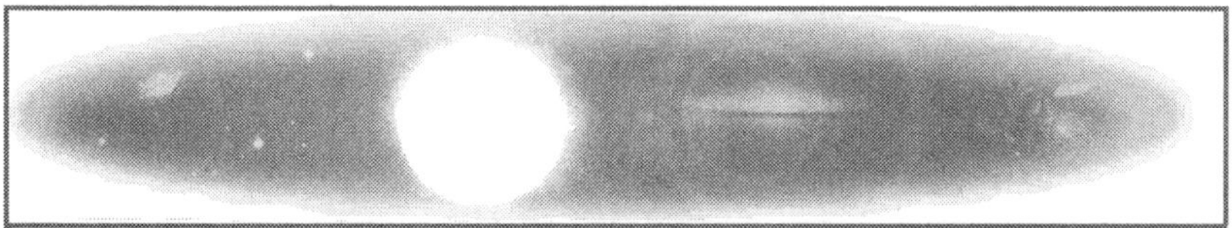

so zärtlich schwingst Du
im Atemfluss,
dass ich Dich lieb gewonnen.
Du wärmst mein Herz
in dunkler Zeit
und machst mich frei
trotz aller Pflicht,
trotz meiner Blindheit
liebst Du mich,
gibst einfach nur
Zufriedenheit.
Du schenkst Vertrauen,
Zuversicht,
durchströmst mich
so unglaublich zärtlich.

Wie konnt' ich Dich
nur übersehen,
und Deine Liebe
nicht verstehen?

## Heimkehr

Glücklich zu sein, bedarf es nicht viel.
Aus dem ewigen Lebensfluss,
in dem Herzschlag und Atem
schwingend entstehen,
sprudelt die Lebenszeit als
vergängliches Wunderspiel.
Die Quelle der Erfüllung ist der höchste Genuss.
Darin kann ich die Liebe
des Lebens für mich sehen.
Es gibt soviel, das kann man
in der Welt erreichen,
doch nichts, das könnt' beständiger
Zufriedenheit erwecken,
als Dankbarkeit für diesen kostbaren Atemzug.
Bleibt er aus, kann ich hier alles streichen.
Die Liebkosung in ihm zu entdecken,
das bringt den freien Verwöhnungsflug.
Das zu schätzen, was das Leben möglich macht,
öffnet mir den Blick für all die herrliche Pracht.

### Innerer   Durstlöscher

Was ich mir vom Leben versprach,
lag all die Jahre in mir brach,
bevor ich mich nach innen wandte.
Vorher waren wir Verwandte,
Verliebte waren wir danach.

**Freiheit des Herzens**

Freude ohne Anlass

Liebe ohne Grund

Geborgenheit ohne Enge

## Die Chance des Lebens

Die Ereignisse im Leben
können mir nicht immer
Freude geben,
doch möchte ich gerne
täglich seh'n,
dass mir mit diesem Leben
ein Wunder ist gescheh'n:
aus der Ewigkeit
ist die Evolution
geboren
und wir,
als ein Teil davon,
sind dazu
auserkoren,
Liebe und Freude
so ausgiebig zu genießen,
dass unsere Mauern
im Herzen zerfließen.

## Wundervoll

Jeden Tag will ich mich
in's Leben verlieben,
märchenhaft, hingebungsvoll, intensiv,
Himmel und Erde voller zärtlicher Berührung,
farbenfroh, formenkreativ.

Das Grau des Alltags, Langeweile
ist vergessen, wenn sich das Wunder offenbart,
Sinnesrausch vom Feinsten:
Duft, Augenweide, Ohrenschmaus.
In einen zärtlichen Fluss verwandelt sich die Zeit.

Gern will ich aufhören,
mein Glück daran zu messen,
ob sich erfüllt, was ich erwart'.
Die Schönheit des Daseins
geht über alle Träume hinaus
herzerfrischend weit!

## Wie neu geboren

Jubilierend fliegt in Lebenslust
die Lerche froh daher,
steigt über Bach und Bäume,
genießt ihr Dasein sehr.
Ein Kitz stupst
seine Ricke weg,
neckische Spielereien,
wie keck!
In der Morgensonne blitzt Tau
wie Bergkristall,
Bienen und Käfer
tummeln sich überall,
halten miteinander
den Kreislauf in Schwung.
Des Lebens
wundervolles Geschenk
ist jeden Morgen wieder jung.

## Metamorphose

Das Göttliche seh' ich,
welches Leben einflösst,
doch nicht ein solches,
das Probleme löst,

das Aufwachen zum Wunder
des Lebens uns erspart
und uns vor den Folgen
der Ignoranz bewahrt.

Das schnelle Geld lockt
die kurzsichtig Naiven,
doch Ehrfurcht vor dem Leben
bringt neue Perspektiven.

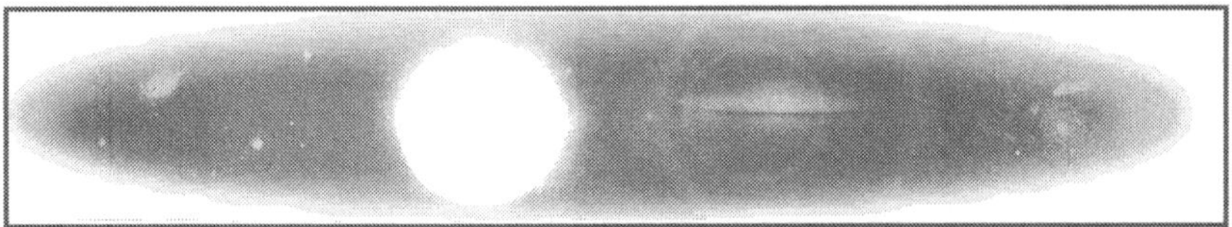

Wenn wir auf Wucher,
Gift und Kriegsgerät verzichten,
muss kaum ein Mensch noch
hungern oder flüchten.

Machen wir zeitig Luft,
Wasser und Boden wieder rein,
wird unser Planet uns
eine solide Heimstatt sein.

Dass wir,
mehr als unseren Wünschen,
der Schönheit des Daseins Bedeutung geben,
ist Voraussetzung für nachhaltige Entwicklung
und ein erfülltes Leben.

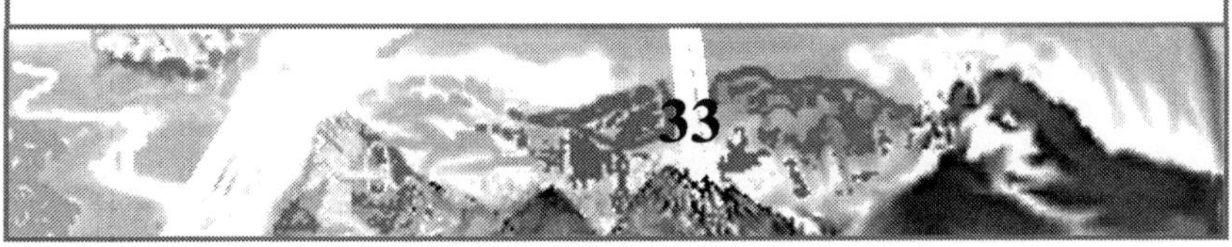

Freu Dich
über jeden Atemzug,
das ist weise,
das ist wirklich klug,
denn nur
Dankbarkeit für's Leben
kann stetig Dir
Erfüllung geben.

**Sweet home inside**

Do You really feel, how
tender life loves You
                    right now ?

It takes You careful
                    breath by breath,
for sure are only
                    birth and death.

So let there be
                    an innovation
in the technology
                    of appreciation.

The knowledge
                    of the inner source
reveals so smooth
                    the loving force.

# Entelechie

## Erzählung

Als Sapio Evoluzzi nach langem Flug endlich am Urlaubsort angelangt war, brannte er darauf, sich in die Brandung zu stürzen. Nachdem er sein Hotelzimmer in Beschlag genommen hatte, ging er zuerst zum Strand hinunter. Er schwamm so weit hinaus, bis ihm die Leute nur noch so groß wie Grashalme schienen. Das Wasser fühlte sich herrlich an. Langsam ging ihm die Puste aus, sodass er ans Umkehren denken musste. Zu seinem Schrecken stellte er fest, dass eine starke Strömung ihn auf's offene Meer zog. So sehr er auch dagegen ankämpfte, es war zwecklos. Erst jetzt erinnerte er sich, dass der Höhenunterschied der Gezeiten im Pazifik mehrere Meter beträgt. Nun nahm er auch die roten Fahnen wahr, die am Strand zur Warnung hochgezogen worden waren. Er war zu weit hinausgeschwommen, um sich bemerkbar machen zu können. Mit der Zeit erlahmten seine Kräfte und ihm wurde übel vor Erschöpfung.

„Das war's dann wohl", dachte er und: „Das soll schon alles gewesen sein?"

Mit einem Male nimmt er wahr, dass er zwei Kräften ausgesetzt ist: dem Sog der Strömung und dem Schub der Wellen. Er hört auf, gegen die Strömung anzukämpfen. Bei jeder Welle, die ihn erfasst, legt er sich ins Zeug. Immer weiter: ausruhen im Sog, kämpfen im Vortrieb. So gelingt es ihm schließlich doch noch, das rettende Ufer zu erreichen.

Er muss eine lange Zeit im Sand gelegen und geschlafen haben, denn als er aufwacht, steht die Sonne dicht über dem Horizont. Seine Wahrnehmung hat sich völlig verändert. In dem Rauschen der Brandung hört er so viele Details, dass es ihm wie die schönste Musik vorkommt, die er je gehört hat. Die Farben des Himmels und des Wassers wechseln von Augenblick zu Augen-

blick, als wenn ein unsichtbarer Maler sich hingebungsvolle Mühe gibt, des Betrachters Seele zu streicheln. An den turmhohen Felsen, am Ende der Bucht, bricht sich die Brandung. Millionen von Wassertropfen spritzen in silbernen Fontänen hoch in den Himmel aus Unendlichblau. Die Tropfen der Gischt blitzen in der Sonne wie Diamanten. Ihren Flug erlebt Sapio wie in Zeitlupe. Ah ..., da! Schau wie die Sonne einen Regenbogen hineinzaubert! Ein paar Wolken schweben über der Kulisse: schwerelose Gebilde in einem kreativen Tanz sich verändernder Formen. Die eine sieht für eine Weile aus wie eine rückwärts fliegende Schildkröte. Ein Albatros lugt herüber, als wolle er sagen: „Schau mal, was ich kann!" Im nächsten Moment stürzt er hinunter bis kurz vor eine Welle, um sofort wieder aufzusteigen und stillzustehen; und das alles ohne einen Flügelschlag!

Sapio muss lachen. Er fühlt sich, als sei er eben gerade geboren worden. Die wundervollen Farben des Himmels und des Ozeans, das Lachen der Kinder in der Nähe, das alles trifft ihn mitten ins Herz. Er erinnert sich, dass er sich als kleines Kind oft genauso grenzenlos und geborgen gefühlt hatte.

„Warum ist mir das nur verloren gegangen?" wunderte er sich. Den Sonnenuntergang und die Dämmerung erlebt Sapio so märchenhaft intensiv, dass er sich ernsthaft fragt, ob sein bisheriges Leben vielleicht nichts weiter als ein Traumtanz gewesen ist. Verblüfft beobachtet er, dass selbst die Möven so fasziniert von dem Farbenspiel der untergehenden Sonne sind, dass sie alles sein lassen und nur schauen. Er steht auf und fühlt sich wunderbar leicht. Landeinwärts schlendernd stellt er erstaunt fest, dass er die Natur jetzt räumlicher sieht, mit mehr innerer Tiefe, mit dem

Herzen. Er bewundert einen Baum, der ihm besonders charaktervoll erscheint und geht ganz langsam unter ihm hindurch. Über den Zweigen des Wipfels blinken die Sterne. Jede Nuance, jede Verschiebung der Perspektive saugt er in sich auf. „Eigenartig", denkt er, „dass so gewöhnliche Dinge, an denen ich tausendmal vorbeigegangen bin, mich plötzlich so tief berühren können. War ich immer dermaßen abwesend?"

Sapio setzt sich so, dass er den Mond durch die Zweige beobachten kann und erlebt zum ersten Mal, wie sich dieser Koloss von Planet Erde langsam dreht. Er erlebt plötzlich die Balance, in der Mond und Erde im schwerelosen Raum schweben. Licht und Schatten, jede Veränderung in der Landschaft, empfindet er auf seinem weiteren Weg als reine Zärtlichkeit. Ihm ist, als kenne er jeden Winkel seit frühester Kindheit. Überall fühlt er sich nun zu Hause. Sapio beginnt zu singen und beschreibt Bäume, Felsen, Täler, alles was er sieht, in seinen Liedern, wie es die Menschen zu Ur-Zeiten getan hatten. Es ist ein Gefühl, als könne er die ganze Welt umarmen. Er fühlt diesen Atemzug aus der Tiefe aufsteigen, wie eine Knospe, die sich zu einer wundervollen Blüte entfaltet. Sapio genießt, wie der zärtlich Leben spendet, um einen Augenblick später der nächsten großzügigen Spende der Lebenskraft Platz zu machen.

„Im Genuss dauert eine Minute eine kleine Ewigkeit", geht es ihm durch den Kopf, „in Gedanken vergehen Stunden und Tage wie im Handumdrehen. Wo sind nur all die Jahre hin? Wie im Fluge sind sie vergangen! Was waren all die schönen Träume schon gegen diesen Zauber der Realität?"

Die Wiederkehr seiner Gedanken und der damit verbundenen Gefühle nahm Sapio wahr, als zöge sich in ihm ein strahlend blauer Himmel mit einer Wolkendecke zu und machte wieder der Enge der Bewertungen und Erwartungen Platz. Seine Wahrnehmung verblasste. Ihm fiel auf, dass er die Zärtlichkeit des Lebens in allem entdeckte, solange er sie in sich spürte. Ansonsten konnte er sie nirgendwo finden. „Solange alles nach Wunsch läuft, ist die Welt halbwegs in Ordnung", sinnierte er. „Der Job ist klasse, solange ich tun kann, was ich für richtig halte. Die Frau ist großartig, solange sie genau meine Erwartungen erfüllt. Ich bin stolz auf die Kinder, vorausgesetzt, sie bringen gute Zeugnisse nach Hause. Die Freunde sind gut, solange sie Komplimente machen und der Hund ist ein Prachtkerl, solange er die Pantoffeln bringt."

Angesichts seiner tiefen Empfindungen, die von nichts anderem hervorgerufen wurden, als von seiner Dankbarkeit für das Leben, empfand er die Abhängigkeit von Erfolgserlebnissen nun als unnötige Einschränkung. Die erschien ihm jetzt als die Ursache von Ärger, Lüge, Rücksichtslosigkeit und Zerstörung.

„Es muss einen grundlegenden Fehler geben", dämmerte es ihm. „Wir haben offenbar das Unentbehrliche vergessen, wissen nicht mehr, was unsere Sehnsucht wirklich stillt. Dass etwas tief in uns berührt wird, das ist, was wir im Leben brauchen. Wir erleben Zufriedenheit als das Resultat von Ereignissen, nicht als Grundlage. Aus diesem Grund begegnet sie uns leider nur hin und wieder und so flüchtig, wie ein Sonnenstrahl, der für einen Augenblick durch die Wolken bricht."

Am nächsten Tag ging Sapio am Strand entlang, um zu sehen, ob er immer noch dieses tiefe Wunder erleben könnte. Es war so nah, doch unerreichbar. Alles was ihm blieb, war diese süße Sehnsucht. „Etwas perfekt zu beherrschen, das ist doch etwas anderes, als gelegentlich einmal einen Zufallstreffer zu landen", dachte er sich. Was konnte er nur tun?

Bald machten sich wieder seine alltäglichen Gefühle in ihm breit. Zurück aus dem Urlaub, verfiel er wieder seiner gewohnten Lebensweise, ging die ‚normalen‘ Kompromisse ein und es blieb nicht viel mehr übrig, als ein paar Bilder in seiner Erinnerung.

Jahre später hatte Sapio beruflich und privat viele seiner anfänglichen Träume verwirklichen können und hatte dennoch das Gefühl, dass sein Erfolg ihn nicht ausfüllte. Wie eine Fata Morga-

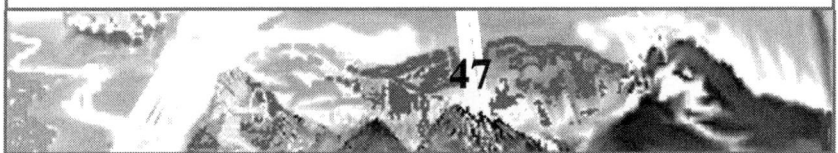

na kam ihm seine Vorstellung vom Glück vor. Die Wünsche wuchsen mit dem Erfolg und die Träume veränderten sich, doch die Gefühle wurden nicht besser. Im Gegenteil: Routine, Stress, Ablenkung, Zerstreuung und Flucht vor der Langeweile bestimmten zunehmend sein Leben. Trotz der Suche nach immer stärkeren Reizen, erlebte er immer weniger tiefe Empfindungen. Er fühlte sich mehr und mehr als Diener seiner gesellschaftlichen Verpflichtungen, als Gefangener seiner Vorstellungen und als Sklave seiner Besitztümer. Verlustangst hatte er früher nicht gekannt. Seine Sicherheit begründete sich auf veränderliche Dinge. Es war eine zerbrechliche Scheinsicherheit. Für die Zerstörung seiner Illusionen machte er ausnahmslos andere verantwortlich. Er wusste jedoch, dass Erklärungen für seine zunehmende Frustration ihn keinen Schritt weiterbrachten.

Jenseits seines Horizonts musste es noch mehr geben. Seine damaligen Erlebnisse kehrten in seine Erinnerung zurück und so besuchte er noch einmal den Ort, an dem er das Leben so intensiv empfunden hatte. Dort angekommen, musste er feststellen, dass er sich fühlte, als sei zwischen all der Schönheit und seinem Inneren eine unsichtbare Wand aus Eis entstanden. Obwohl so offensichtlich, berührte ihn die ganze Pracht nicht mehr. Wie ein Blinder sich vorwärts tastet, so versuchte er, etwas von der Intensität zu erhaschen, doch sie blieb ihm verschlossen.

„Für alles haben wir Erklärungen", dachte er. „Wir wissen, dass jedes Detail in der Natur ein Wunderwerk für sich ist. Nur eines können wir uns nicht erklären: warum wir das Leben nicht als Wunder erleben."

Seine Aufmerksamkeit wurde nun von einem Jungen angezogen. Der musste schon eine ganze Weile in der Dämmerung gestanden und ihn beobachtet haben. Nun winkte er Sapio zu. Der grüßte den Kleinen zurück, worauf er herüberkam und fragte: „Was suchst du?"

„Antworten auf meine Fragen", antwortete Sapio.

„Ist es nicht vielmehr ein Gefühl, nach dem du dich sehnst? Ein Gefühl, das über alles Veränderliche in deinem Leben hinausgeht?" hakte der Junge nach.

Erstaunt entgegnete Sapio: „Du hast Recht. Ich versuche denjenigen in mir wieder zu finden, der nicht ein Produkt der Gesellschaft, nicht das Ergebnis meiner Erlebnisse und Träume ist, den Glücklichen, der ich einmal war."

„Deine Sehnsucht ist dir nicht anerzogen. Du tust gut daran, ihr zu folgen", ermutigte ihn der Kleine.

„Ich bin hierher zurückgekommen, weil ich hier vor Jahren etwas erlebt habe, das mich tiefer berührt hat, als alles, was ich jemals erlebt habe. Etwas das meine Sehnsucht nicht ruhen lässt." Sapio erzählte dem Jungen seine Erlebnisse.

„Musst du erst den Hauch des Todes spüren, um zu verstehen, dass das Leben das größte Geschenk ist, das du jemals erhalten hast? Wusstest du nicht, dass du es eines Tages wieder zurückgeben musst?" wunderte sich der Knirps.

„Wie kommt es nur, dass man sich an das Echte im Leben so selten erinnert?" fragte Sapio zurück.

„Die meisten Leute lassen leider zu, dass ihre Sehnsucht zugemüllt und gelähmt wird", antwortete der Junge. „Kennst du die Geschichte vom gefangenen Vogel, der vor Freiheitsdrang, vor Sehnsucht zuerst nicht aufhören konnte, gegen die Gitterstäbe seines goldenen Käfigs zu fliegen?" Sapio verneinte.

„Weißt du, was das Traurige an der Geschichte ist?" Sapio zuckte mit den Achseln.

„Eines Tages gab er auf. Er hatte sich an den Käfig gewöhnt. Als die Tür geöffnet wurde, hatte er die Sehnsucht nach der Freiheit vergessen. Nichts wusste er mehr vom Fliegen und blieb in seinem Käfig sitzen. Also lass dich nicht von deiner Sehnsucht ablenken, denn sie wird dir den Weg zu deiner Erfüllung zeigen. Viele haben die Hoffnung aufgegeben, weil sie ihr Glück in der Illusion gesucht haben."

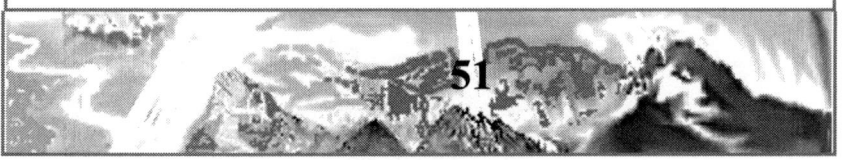

Für einen Augenblick schien es Sapio, als schaute er in die gütigen Augen eines weisen Mannes.

„Die Dinge, die ihr Erwachsenen nicht habt, die bedeuten euch viel mehr als das, was ihr habt", sprach Sapios neuer Bekannter weiter. „Wenn ihr das ändern würdet, gäbe es bald keine Unzufriedenheit, keine Habgier und keine Kriege mehr. Stattdessen sehe ich euch für den Rest eures Lebens ändern: Möbel rücken von hier nach da und von da nach da und von da nach hier. Ihr ersetzt alte Ideen durch neue und die neuen durch alte. Ihr lauft dem Glück nach, wie ein Hund, der seinem Schwanz nachjagt. Habt ihr Erfolg, heißt es: ‚Seht nur, ich habe das geplant‘, geht etwas schief, dann gebt ihr jemand anderem die Schuld. Im Zweifelsfall macht ihr Gott verantwortlich. Ihr seid stolz auf eure Errungenschaften, doch nicht auf das, was euch gegeben wurde. Hast du dir schon einmal überlegt, was du im Leben errei-

chen willst, das mehr wert wäre als das, was du bereits am ersten Tag bekommen hast? Du hast das Wertvollste in dir längst vergessen: dankbar zu sein für das freundlichste und einfachste Wunder in deinem Leben. Denkst du ernstlich, dass sich ein Atemzug für einen Millionär besser anfühlt als für dich?"

„Sicher nicht", stimmte Sapio ihm zu, „ein Menschenleben reicht vermutlich nicht aus, um all die Dinge aufzuzählen, die man verpassen kann."

„Jeden Augenblick, in dem du eine Sache verpasst, den hast du wirklich verpatzt: dich wohlzufühlen", antwortete der Junge, „da ist kein Kompromiss möglich. Die Gedanken, die dich nerven, sind wie Hunde, die ihren Herrn anfallen. Wer ist der Herr in deinem Haus?

Die Kraft des Denkens ist groß. Sie ist ein wundervolles Geschenk des Lebens. Achtest du darauf, wofür du es benutzt? Ihr Erwachsenen könnt gleichzeitig fernsehen, Kreuzworträtsel lösen und euch dabei noch unterhalten, aber ihr bemerkt nicht, dass ihr keine Freude mehr an einfachen Dingen habt und den Klang der Stille nicht mehr genießen könnt. Warum fürchtet ihr euch vor dem Alleinsein? Euer Kopf hält niemals die Klappe. Denken ist gut, aber du musst auch fühlen. Dein Grips kann dich dorthin führen, wo es etwas zu trinken gibt. Du kannst jedoch vor deinem Getränk sitzen und denken, bis dir das Hirn raucht. Das wird deinen Durst nicht stillen. Was ist ein Auto ohne Bremse wert? Du wirst an deiner Ausfahrt vorbeifahren und nirgendwo ankommen."

Sapio kratzte sich am Kopf. Er wusste nicht recht, was er davon halten sollte.

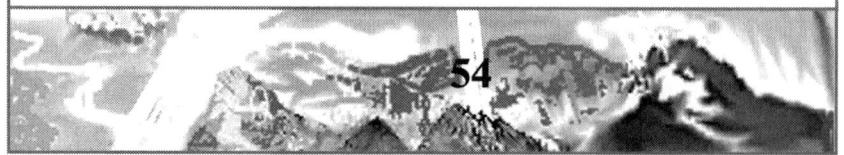

„Was du im Leben suchst", redete der Kleine weiter, „ist in dir verborgen: grundlegende Anerkennung, unsterbliche Liebe, Freude ohne Anlass und Freiheit ohne Begrenzung. Du kannst es nur dort finden, wo du die Sehnsucht danach fühlst: in dir selbst. Du trägst jedoch eine unüberwindliche Menge an Belastungen mit dir herum. Die Frage ist, wie gewinnt man Abstand? Die Frage ist, wie kann man davon loskommen? Du musst dich entscheiden. Der Atem, der herein und herausströmt, der ist dir nicht garantiert. Das war einfach Gnade. Geschah einfach in deinem Leben. Und dann der nächste, den du gerade ein und ausatmest. Du bist eingeladen worden, du bist der Gast. Du wirst nicht für immer dabei sein. Was machst du? Genießt du? Oder sitzt du da und es geht in dir: ‚Aber mein Gott, warum ist das so? Schau die Wolken an, sie haben die falsche Form. Das Gras ist nicht grün genug. Der Baum ist zu klein. Dieses ist zu dies und jenes ist zu das'.

Sind wir nicht zu der herrlichsten Gelegenheit
eingeladen worden: auf einen großartigen Plane-
ten, auf dem es wunderschöne Ozeane, schöne
Brise, schöne Bäume, schöne Himmel gibt? Die-
ses ist die beste aller Shows für uns, in der nichts
übersehen worden ist. Das Beste vom Besten.
Aber irgendwann, vor langer Zeit, nahmst du das
für selbstverständlich: ‚Das gehört mir'. Bis der
Tag kommt, an dem etwas sagt: ‚Adios, Amigo!',
dann wird es sein wie: ‚Oh mein Gott. Du meinst,
jede Sekunde war ein Geschenk?' Natürlich war
jede Sekunde ein Geschenk! Die Augen in die
richtige Richtung gerichtet und du siehst die
großartigste Sache sich entfalten! Gerade jetzt
hast du sie bekommen  und verpasst die meiste
Zeit, was geschieht. Die unglaublichste Sache
geschieht auf deiner Höhe. Nicht über den Wol-
ken. Auf deiner Etage. Du musst dich nur danach
recken und es berühren. Berühre das Wunder  des
Lebens jetzt, nicht irgendwann! Verschiebe das

nicht auf morgen! Der Himmel ist in dir. Verschiebe ihn nicht auf's Jenseits! Warte nicht auf ein anderes Leben! Jetzt ist deine Zeit. Was danach kommt, wird man dann sehen. Fühle dich jetzt wohl! Das ist die beste Voraussetzung dafür, dass du dich auch später wohlfühlst. Erkenne die Gnade in deinem Leben! Du hast nicht die geringste Idee, was für ein Glückspilz du bist! Alle von uns! Der Schleier, der Nebel der Gier, Verwirrungen, Wünsche, aufgesetztes Verhalten, alles verschwindet nach und nach."

„In Anbetracht der Dramen, die in der Welt geschehen, fällt es aber verdammt schwer, das Leben als Glücksfall zu betrachten", warf Sapio ein.

Der Kleine antwortete: „Dass wir lernen, das Dasein mehr zu lieben, als unsere Wünsche, ist die beste Voraussetzung für Frieden und den Erhalt des Lebens. Ist nicht der Zustand der Welt das Er-

gebnis all der Träume, die sich die Menschen seit Jahrtausenden versuchen zu erfüllen? Was haben sie damit erreicht?"

„Vielleicht sollten wir einmal Bilanz ziehen", antwortete Sapio nachdenklich, setzte sich auf einen Baumstumpf, zog zwei Datteln aus seiner Tasche, reichte dem Jungen eine davon und sprach: „Ich bin sicher, dass es für jedes Problem eine Lösung gibt. Vielleicht sieht man sie nicht auf den ersten Blick."

„Evolution bedeutet, Lösungen zu finden, aus denen nicht immer mehr und immer größere Probleme entstehen", entgegnete der Kleine. „Wirklicher Fortschritt heißt, klar zu werden. Ist nicht der Mensch bereit, für seine Vorstellungen vom Glück jeden Preis zu zahlen? Sag mir: was nimmt er nicht in Kauf, um sich sein Glück zu erschaffen?

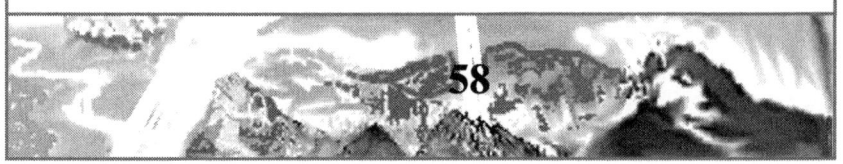

Wann beginnen wir, der einfachsten Grundlage den höchsten Wert zuzugestehen, dem Leben selbst?"

„Das klingt weise", entgegnete Sapio, „doch auch Erwachsene sind nicht vollkommen."

„Der Mensch hat eine wunderschöne Fähigkeit", gab der Junge zu bedenken, „er kann sich ändern. Leben ist einfach: ein Atemzug herein, ein Atemzug hinaus. Wahres Wissen ist das Bewusstsein von der inneren Quelle von Lebensfreude. Was ist Weisheit? Nicht einen Tropfen davon zu verpassen, das ist weise."

„Aber sei mal realistisch", warf Sapio ein, „ich kann doch nicht auf jeden Atemzug achten!"

„Stehst du etwa am Frühstücksbüffet und sagst: ‚Das kann ich nicht alles essen?' ", gab der kleine

Weise zurück, „und gehst hungrig wieder ins
Bett? Nein, du wirst zulangen, solange es dir
schmeckt. Du wirst essen, bis du satt bist, nicht
wahr? Verstehe, wie glücklich du dran bist! Liebe
deine Liebsten so gut du kannst: mit oder ohne
Bedingungen! Bedenke dabei, dass du mit jeder
Erwartung die Saat von Enttäuschung ausbringst!
Liebe sie unabhängig davon, aber finde deine
Erfüllung, finde deine Freude in dir selbst!"

Sapios Bauch fühlte sich an, als schmelze eine
warme Quelle aus seiner Tiefe ein Loch in eine
Eisdecke an der Oberfläche.

„Leider erinnere auch ich mich nicht immer dar-
an, dass Leben einfach ist," gab der Junge zu, „je-
der Atemzug, den ich genommen habe, sollte als
zärtliche Liebkosung des Lebens in meinem Ta-
gebuch stehen. Aber ich bin nicht verloren. Ich
renne weg von genau dem, was ich liebe und es

liebt mich immer noch. Ich weise genau das zurück, was ich verehre und es verehrt mich immer noch. Das ist wirkliche Gnade.

Wir haben eine schöne Fähigkeit, Dinge ohne Vorurteile zu sehen! Wir alle tragen Brillen von dem Guten und Schlechten, von ‚richtig‘ und ‚falsch‘. Das Leben ist nicht so festgelegt und langweilig! Nehmen wir die Brillen ab, öffnen unsere Augen und beobachten, welch ein unglaubliches Wunder jeden Tag in unserem Leben stattfindet! Etwas Großartiges, etwas so Stilles, etwas so Ruhiges, etwas so Weites, etwas so Kostbares hält sich in jedem Herzen, in jedem Menschen auf. Andererseits haben wir so viel Druck in unserem Leben. Und er wird größer und größer und größer ..., er nimmt nicht ab. Was immer in meinem Leben geschieht, hoffentlich erinnere ich mich stets an eine Sache: etwas liebt mich sehr tief und wird mich weiterhin so tief lie-

ben. Und niemals werde ich von irgendjemandem so geliebt werden, wie das mich liebt. Nie jemals. Jede einzelne Sekunde. Vierundzwanzig Stunden am Tag. Diese Liebe ist bedingungslos."

Mittlerweile war es dunkel geworden. Sapio legte sich auf den Rücken, atmete den Duft der Bäume, Kräuter und Blumen ein und ließ seine Haut vom lauwarmen Wind streicheln. Während er in den Sternenhimmel sah, dachte er über die Worte seines neuen Bekannten nach. Er bestaunte die unzähligen Sterne und die Galaxis seines Heimat-Planeten, die Milchstraße. Vor Ewigkeiten war sie gemeinsam mit Milliarden anderer Galaxien aus einer gewaltigen Energie-Explosion entstanden.

„Ist es nicht erstaunlich, dass auf einem der unzähligen Brocken, die umherflogen und sich in Sonnensystemen sammelten, eine Atmosphäre und Leben entstand?" nahm Sapio das Gespräch wieder auf. „Aus Staub und Schlamm wurde ein wunderschöner Planet geschaffen!"

Ihm fiel ein, was er kürzlich über Astrophysik gelesen hatte, und zitierte: „Der Kosmos speist sich aus einem allesdurchdringenden Energiefeld, das keinen Anfang und kein Ende hat. Energie ist unzerstörbar. Sie wechselt lediglich ihre Form. Aus der kosmischen Hintergrundstrahlung entstehen Universen wie in einem unendlichen ewigen Feuerwerk. Wir können uns nicht vorstellen, dass es kein Ende hat, weil wir nur in Grenzen denken können. Wenn es so sein sollte, dass man die Kraft messen kann, aus der alles entsteht und aus der alles besteht", sinnierte Sapio, „was nutzt das schon, solange man sich getrennt davon fühlt?"

„Du bist nicht unnatürlich. Jeder Atemzug entsteht direkt aus dieser schöpferischen Kraft. Du kannst sie spüren. Gerade jetzt. Was du suchst, ist in dir, du hast es nie verloren, du bist ein Teil davon", flüsterte der Kleine.

Weil er es nicht wirklich empfinden konnte, was sein Freund da gerade gesagt hatte, wunderte Sapio sich, wie ein Kind über so essenzielle Dinge Bescheid wissen konnte.

Um ihn ein wenig mit seinem Wissen zu beeindrucken, fragte Sapio: „Kannst du dir vorstellen, dass aus der Perspektive der kleinsten subatomaren Teilchen in deinem Inneren, dein Körper tausendfach gigantischer ist, als das Sonnensystem aus unserer Sicht?"

„Hälst du es für möglich, deine Sinne, deine Aufmerksamkeit nach innen zu richten und in

deinem eigenen inneren Universum diese Kraft zu finden, die dich am Leben erhält?"

„Willst du mir ernsthaft erzählen, dass es in mir etwas gibt, das ich noch nicht kenne?" staunte Sapio nicht schlecht.

„Es gibt Dinge, die sind für unsere Sinne nicht ohne weiteres sichtbar, obwohl sie existieren. Dann brauchen wir ein Mikroskop oder ein Teleskop oder einen Spiegel. Wenn du die Augen schließt, sollte es eigentlich stockfinster sein, ist es aber nicht. Das Licht in deinem Inneren ist offensichtlich nicht das Licht der Sonne. Auch hast du keine Batterien in dir.

Magst du die Lichtquelle in dir sehen, die dich befähigt zu sehen, zu träumen und dir vorzustellen? Bedenke, dass du nicht nur die Fähigkeit hast, zu glauben und dir auszumalen. Du hast

ebenso die Möglichkeit, zu erleben und zu kennen. Möchtest du den Klang hören, der dir ermöglicht zu hören? Die Süße schmecken, die dich schmecken lässt? Fühlen, was dir erlaubt zu fühlen? Möchtest du die Kraft erleben, die Deinen Puls und deinen Atem antreibt?" fragte der kleine Weise.

Eine unglaubliche Sehnsucht, sich mit dieser schöpferischen Unendlichkeit eins zu fühlen, machte sich in Sapios Herzen breit.

„Suche den Meister", empfahl ihm der Kleine, „und frage ihn nach dem ‚Wissen vom Selbst'."

Sapio muss wohl etwas überrascht dreingeschaut haben, denn sein kleiner Freund erklärte: „Er hat es mir beigebracht. Er nennt es das älteste Wissen der Menschheit, doch dieses Erlebnis ist jeden Tag neu, wie am ersten Tag. Viele Meister haben in der Vergangenheit darauf hingewiesen. Es kann nur denen gezeigt werden, die ihrer Sehnsucht auf den Grund gehen wollen, denen Realität mehr bedeutet, als schöner Schein. Denen, die sich die Freiheit und den Genuss gönnen wollen, das Geschenk des Lebens komplett auszupacken. Du musst nichts glauben, was du nicht überprüfen kannst. Lass dein Herz entscheiden! Das hat dich bis hierher gebracht und es wird dir auch weiterhin deinen Weg weisen."

„Ich möchte lieber meinen eigenen Weg gehen", warf Sapio ein.

„Vielleicht hast du das Vorurteil, dass der Meister dir irgendwelche Vorschriften macht?" wunderte sich der Kleine und kratzte sich am Kopf.

Sapio hatte wirklich keine Lust darauf, irgendwelchen ‚Führungspersönlichkeiten' nachzuren-

nen. Ganz zu schweigen von seiner Abneigung gegen jede Form von ‚Gleichschritt-Denken' und Gruppenzwang.

„Du wirst dein Innerstes nicht finden, indem du in die Fußstapfen anderer trittst", bestätigte der Junge seine Gedanken, „doch wenn du in dunkler Nacht unterwegs bist und jemand bietet dir eine Taschenlampe an, schlägst du sie dann aus, weil sie nicht auf deinem eigenen Mist gewachsen ist? Nein! Du bist froh, dass sie jemand vor dir erfunden hat. Und nicht nur das. Er hat sich außerdem noch die Mühe gemacht, sie herzustellen. Du brauchst also nichts weiter zu tun, als sie zu benutzen, um deinen eigenen Weg zu finden. Das kann dir niemand abnehmen. Genauso verhält es sich mit der Selbsterkenntnis: sie erhellt etwas in dir, dass schon da ist. Keine Philosophie und kein Buch kann dir das ersetzen. Nur diejenigen, die Offenheit, Herz und Verstand dem blinden Ver-

trauen oder dem blinden Misstrauen vorziehen, können Selbsterkenntnis erlangen. Diejenigen, die nicht meinen, schon alles zu wissen, nur die sind für dasjenige empfänglich, das außerhalb ihrer Vorstellungskraft liegt. Denen kann das innerste Geheimnis des Lebens enthüllt werden."

„Ich werde deinen Meister am besten selbst auf die Probe stellen", entschied sich Sapio, „wo kann ich ihn treffen?"

„Mal hier, mal dort", entgegnete der Junge und malte etwas in den Sand. Sapio bückte sich, um es näher zu betrachten. „Was du im Leben suchst, ist in dir selbst verborgen", stand da, nebst einer Internet-Adresse.

Sapios Neugier war stärker als sein Misstrauen. Hier hatte er es mit etwas zu tun, dass in keine seiner Schubladen passte. Er schaute auf, um den

Kleinen nach dem derzeitigen Aufenthaltsort des
Mannes zu fragen, der die Kunst der Selbster-
kenntnis lehrt. Zu seinem Erstaunen hatte sich
der Junge jedoch davongemacht, ohne sich zu
verabschieden. Sapio musste erst einmal seine
Gedanken sortieren, bevor er sich auf den Weg
zurück zum Hotel machte. Der einzige Hinweis,
den er hatte, war diese Internetadresse. Was sollte
er ohne Computer damit anfangen?

„Vielleicht versuche ich es einmal in einem Inter-
netcafé", fiel ihm ein.

Im Internet brachte er die Telefonnummer einer
Videothek, in Erfahrung, die Audio- und Video-
Cd´s mit Vorträgen des Meisters verlieh. Sapio
ließ sich einige zuschicken und es gefiel ihm,
was der Meister zu sagen hatte, denn es war ein-
fach, aber grundlegend. Je mehr er sich in das
Thema einarbeitete, desto sicherer wurde sich Sa-

pio, dass er um die Einführung in die Methode der Selbsterkenntnis fragen wollte. Nach gründlicher Vorbereitung bekam er eine Einladung. Sapio fand sich bald danach in einem Raum wieder, in dem sich noch andere Anwärter befanden. Sie stellten Fragen, die freundlich beantwortet wurden. Im Anschluss daran gab es die Einführung. Alles war sehr klar, leicht verständlich und einfach anzuwenden.

Zunächst bemerkt Sapio nichts Besonderes, als er sich auf sein Innerstes konzentriert. Alle möglichen Gedanken mit den damit verbundenen Gefühlen spielen sich wie gewohnt in ihm ab. Erstaunt erlebt er nach einiger Zeit, wie sich sein Inneres weitet. Und da ist es wieder, dieses Gefühl von unendlicher Geborgenheit, wie er es damals am Strand gefühlt hat!

Als Sapio nach der Veranstaltung zu seinem Hotel zurückgeht, hört er, erst kaum wahrnehmbar, dann immer deutlicher, den Klang des inneren Universums und sein Herz beginnt zu blühen. Er entdeckt einen Baum, dessen Knospen kurz vor dem Aufplatzen sind, tastet eine von ihnen ab und hat den klebrigen Harz an seinen Fingern. Tief atmet Sapio den Duft ein. Der geht ihm durch und durch und spendet ihm himmlisch süße Extase. Jetzt entdeckt er einen Kirschbaum. Der hat sein weißes Hochzeitskleid angezogen, um die Bienen zu ihrem Nektargelage zu locken. Gerade als er unter ihm hindurchgeht, um die weiße Pracht zu bewundern, lässt ein Wind Blütenblätter schneien und bedeckt ihn über und über mit dem weißen Samt.

Es kommt Sapio so vor, als sei alles nur zu seiner Freude geschaffen worden. Überwältigt legt er sich auf den Blütenteppich. Er schließt die Augen

und lässt sich von der inneren Musik verwöhnen. Welche Freude, sich wie ein Fisch im Wasser als ein Teil des Wunders des Lebens zu erleben! Welche Gnade, dabei sein zu dürfen und das alles mit dem Herzen sehen zu können, Seine Liebe spüren zu dürfen!

Es war der Beginn einer wunderschönen Romanze, in deren Verlauf er noch so manche überraschende Entdeckung machte: da waren Schätze voller Licht, Süße, Musik und Zärtlichkeit in ihm.

„Ich muss mich nur nach innen strecken und da ist es", wunderte sich Sapio, „alles was ich sein muss, ist nur ein Zeuge. Einfach jemand sein, der sehen kann, wie sich alles direkt vor seinen Augen entfaltet. Und es genießen. Das ist alles, was ich tun muss. Das ist wohl für niemanden anders. Einfach sein! Mir ist ein wundervolles Geschenk

gegeben worden: die Scharfeinstellung auf die Erfüllung, die verschüttet war. Musste ich nicht immer auf's Neue erheblichen Aufwand treiben, um für ein Wochenende Abwechslung und Spaß zu haben? Um Licht in mein Inneres zu bringen, musste ich immer wieder neue Lichter der Freude anzünden. Jetzt ist mir, als seien vor einem inneren Fenster die Vorhänge hochgezogen worden. Eine innere Sonne wärmt und erhellt jeden Winkel in mir. Ich habe die Lebensfreude gefunden, die von innen kommt."

Als Sapio nach einiger Zeit feststellte, dass er sich wieder in Illusionen verstrickte, fühlte er sich zunächst entmutigt. Anstelle von Hoffnungslosigkeit und Frustration wuchs jedoch seine Sehnsucht.

Eines Tages bemerkt Sapio, dass seine Gedanken sich auf verschiedenen Ebenen abspielen. Zum

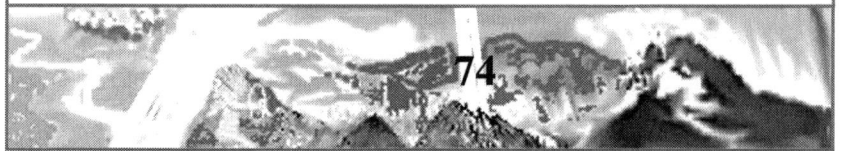

ersten Mal erlebt er, dass er nicht eins mit ihnen
ist. Vielmehr kommen sie ihm nun wie aufdring-
liche Verwandte vor, die zu allem ungefragt ihren
Kommentar abgeben. Sie ziehen alle Aufmerk-
samkeit auf sich und stören ihn ständig in seinem
Frieden. Durch die Sehnsucht nach seinem eige-
nen Ursprung löst er sich von seinen Gedanken.
Jetzt sieht er Bilder aus seinem Unterbewusstsein
in sich aufsteigen. Er erkennt sie nun als Spiege-
lung der Außenwelt und lässt auch sie hinter sich.
Erstaunt erlebt er, wie seine Sehnsucht sich stei-
gert, bis sie den Stein von seinem Herzen sprengt
und unendlicher Raum voller Licht und Klang
sich in seinem Innern öffnet. Eine lebendige
Komposition von Schwingungen.

Sapio fühlt sich geliebt, wie nie zuvor. Nie mehr
würde er unter Langeweile oder gar Einsamkeit
leiden müssen. Mit der Zeit entwickelte Sapio
tiefen Respekt und Dankbarkeit für das, was ihn

immer wieder zurückrief. Wann immer seine unbewussten Gedanken wieder diesen Vorhang vor seiner Lebensfreude herunterließen, der gewöhnlich ‚grauer Alltag' oder ‚innere Leere' genannt wird, bekam er Sehnsucht nach dem Klang seines Herzens. Er lernte, seine Sehnsucht zu lieben. Die Inspiration des Meisters und seine Sehnsucht, sowie die konsequente Anwendung der erlernten Übungen führten ihn immer wieder zurück zu seinem natürlichen Wesen, für welches das Leben ein Wunder ist.

Sapio redete mit vielen über seine Erlebnisse. Einige folgten ihrer Sehnsucht. Sie lernten wieder, einfach zu sein und sich von der Liebe der Lebenskraft verwöhnen zu lassen. Sapio sah, wie eine Sterbende mit Dankbarkeit dafür, dass ihr Leben solch eine wunderschöne Wendung für sie genommen hatte, Abschied nahm. Es war, als kehrte ein Tropfen nach seiner Reise durch den

Fluss des Lebens in den Schoss des unendlichen Meeres zurück, bereichert durch die großartige Fülle dieses Daseins. Nun wusste Sapio, was das zu bedeuten hatte: ‚die Schönheit liegt im Herzen des Betrachters‘. Jetzt konnte er nachvollziehen, was Sokrates damit gemeint haben mochte: ‚Lerne dich selbst kennen‘. Wovon viele Propheten und viele Meister geschwärmt haben: ‚Der Himmel ist in euch‘. Die innere Schönheit wuchs wie eine hübsche Pflanze, die sorgfältig gepflegt wird. Je mehr er es genoss, desto schöner fühlte es sich an.

Als seine Frau ein Baby zur Welt brachte, sah Sapio die unglaubliche Weite in dem winzigen Neugeborenen. Es kam ihm so vor, als sei mit ihm ein Stück Himmel auf die Erde getropft und Sapio erkannte ihn in sich selbst wieder.

Der Glaube,
man könne
durch die Erfüllung
von Wünschen
einen stabilen Zustand
wunschlosen Glücks
erreichen,
ist illusorisch.

In gewisser Weise
sitzen wir auf dem Pferd,
das wir suchen,
denn die Erfüllung,
der wir hinterher sind,
ist in uns selbst verborgen.